Kim Kwan-Ok

시인 김관옥

접시가 된 물고기

김관옥 시집

집시가 된 물고기

시학
Poetics

■ 시인의 말

아침마다

무등산에 매달리는 불덩이를 향해

화살을 쏘아 대지만

매번

부끄러운 헛손질이다

남은 내 생에게 미안하다

2016년 봄
김관옥

차 례

- 시인의 말
- 작품 해설 | 서안나

제1부

떠돌이 일기	15
사유思惟	16
반사된 물체가 아름답다	17
손저울	18
고孤	19
헛손질	20
너를 보내고	21
전주	22
담양댐	23
유혹	24
제비의 습성	25
너 때문에	26
가을에 물들다	27
악어와 악어새	28
경호원	29
벼락바위	30

제2부

- 청국장　35
- 문자메시지　36
- 별난 계엄군　37
- 그날　38
- 꽃잎을 따면서　39
- 내 이름 바꿔 주세요　40
- 장하다 윤대훈　41
- 까꿍　42
- 산행　43
- 제비꽃　44
- 땅굴　45
- 장골 아짐　46
- 곰보 누님　47
- 그날 밤　48
- 곡주哭酒　49
- 신고식　50
- 12월 어느 날　51

제3부

미소 한 그릇　　55
행운이 사선을 긋는다　　56
소식 들었어요　　57
실례합니다　　58
어느 태교　　60
연잎 마음　　61
여울 낚시　　62
안산　　63
여인들　　64
조아 식당　　65
옥과 한우촌　　66
이모　　67
파랑돔　　68
3분 정거장　　70
삼계탕집 풍경　　71
녹두집　　72

제4부

형모 형님　75
사장님은 데이트 중　76
파장　77
이춘행　78
딸기코　79
돈키호테　80
아침 노동　82
익수당 한약방　83
사진작가　84
노병의 헛소리　85
도시 속의 섬　86
상고머리　87
그녀는 외출 중　88
유덕有德　89
딱따구리 노 부장　90
천왕봉　91
12월　92
객사客思　93

제1부

떠돌이 일기

가난한 내가
나보다 더 가난한 암자에 들어
며칠째 밥 빌어먹고
부처님 미소도 덤으로 받아먹었다
솔바람으로 몸을 씻고
찢기고 눅은 마음
말리느라
또 한나절

관세음보살이 더운 밥 같은 길 하나
옜다
내어줄 때까지 비벼 볼라네
나는 오갈 데 없는 떠돌이

사유思惟

새벽안개를 두려워 마라
그 오리무중에서
따뜻한 햇살을 굽고 있으니

마음이 맑고 투명하니
그 그림자도 맑고 투명하다네

바람에 쓸려 가 버린
날들이여!

밝은 등 밝히고도
나를 찾지 못할 때
깊은 겨울 산에 안겨 볼 일이다

반사된 물체가 아름답다

하늘에 뜬 구름도
호수에 몸을 적시고 있을 때가
더 아름답다

어여쁜 여자도
순간의 피사체로 렌즈의 중심에
점을 찍을 때 더 예쁘다

끌려가는 시간 위에
나도 반걸음만 쉬어
그대의 가슴에 반사되고 싶네

손저울

손때 묻은 저울을 보면
실오라기 같은
눈금 하나 가지고 밀고 당기던
궁핍한 그림자가 꿈틀거린다
시골 장 어귀에서, 한사코
저울대 머리 쪽으로 추를 끌어당기려는 꾼
그 반대편으로 추를 끌고 가고픈
애절한 농심
눈물 한 방울 갈고리에 걸어 보면
어느 눈금에서 춤을 출까
사랑한다는 말
피皮 떨고 나면 몇 근이나 남을까?
섬섬히 쌓인 내 살 비린내는
또 얼마나 나갈까

고孤

독하게 통증을 앓고 있는 짐승이 있다고

전갈하랬더니

심부름을 간 메아리

도리어

그녀와 한통속이 되어

산을 넘어가고 있다

멀리

아주 더 멀리

헛손질

실비의 가는 목도 내려치지 못한 번개
그 번개를 놀래키는 빗줄기
팔 벌려 안아 주는 지구를
박살 내겠다는 듯
번개, 번개처럼 칼을 꽂는다
매번 헛손질에 뽑아든 벌건 칼날
내리치고 또 내리쳐도 속수무책

내 삶도 그랬던가?

사정거리에서 어른거리는 먹잇감을 놓치고
허공에 나동그라지는 나는 피에로

도마뱀 혀라도 빌려 와
그 사냥 법을 익혀야겠네

너를 보내고

막차가 떠난 헐렁한 광주역 광장
얼룩진 시간 위에 비가 뿌린다
줄 끊어진 풍선처럼 공허한 마음 이끌고
어둠에 포위당한
그림자 하나
가슴에 얼룩무늬를 덧칠하고
덜 여문 마음이
철길 따라 뒹구는 밤

전주

26번 국도변에는
봄이면 눈이 뒤집힌 벚꽃
백 리 길 위에
들뜬 마음을 들켜 버렸다
하르르 떨어지는 봄이
얼굴과 귓불에 간지럼 피는
유혹이
알록달록 기모노를 차려입은
게이샤의 왜색
호색행위 같기도 하고

담양댐

더는 기댈 곳이 없어
허전한 12월
대나무 속처럼 텅 빈 한 해의 시장기를
모두 끌고 갔다
가을 옷을 훌러덩 벗어 버린
추월산, 강물에 몸 담그고
독탕을 즐기고 있다
겨울을 씻어 내는 중이다
봄 햇살에 찔려 파릇파릇한
부스럼 같은 잎을 띄우리라
그때쯤 다시 찾아오마고
부끄럼 타는 알몸의 추월산에게
건달처럼
물수제비를 쏘았다

유혹

고갯마루 절벽 아래로
거년 이맘 때
물정 모르고 이사 간
코스모스 씨알 하나

따가운 여름과
외롭게 몸싸움하다
어느 날 문득
머리에 꽃을 이고

가을바람에 만취하여
호들갑 떨며 오라지만
나는 매번 길을 잃은
영원한 길손
멀리서 눈도장만 찍고
쓸쓸히 돌아서네

제비의 습성

스텝보다는 밀착에 신경을 곤두세우는
춤꾼
돌아가는 시곗바늘처럼
거칠 것 없이 빙글빙글 도는 무대
부싯돌을 비벼 불꽃을 피우듯이
한 움큼 실버들 가지를 놓칠세라
매미처럼 바싹 붙어서
무희 브라자 투구 틈서리에
사향 냄새를 퍼트리는
안달이 난 꽃 제비

너 때문에

선잠을 급히 털어 내고도
1분이 늦어 하루를
도둑맞아 버렸으니

1분이란 네놈이
내 눈썹에 물꽃을 피우다니
앞서 나와 피워 놓고 간 모닥불에
추운 그림자들을 태워 버리고
돌아서며 다짐한다

내일은 네놈을 꼭
교수대에 올리겠다고
인력시장에 중독된 하루를
무료 급식소에 내려놓고
우선은 다급한 숨부터 몰아쉬어야겠다

가을에 물들다

치자 꽃물 든 치마폭을
훌렁 벗어 버린 가을 들판
알몸으로 일광욕을 즐긴다
나도 저처럼 한가롭고 싶다
낯선 나루터에서
추억 속의 여인과 마주쳐 보고 싶고
햇살이 구은 따뜻한 돌담에 시린 등을 기대고 싶다
허나 오늘도
오늘이라는 갈고리에 찍혀
어스름이 깔린 거리를
사냥에 실패한 늙은 여우처럼 어슬렁거리다
뚝배기 앞에 보초병처럼 우뚝 버티고 서 있는
술병에게
구겨진 하루를 기대 보네

악어와 악어새

얼굴빛과 하얀 침대 시트를
구분하기 어려운 말기 암 환자 병실
느릿느릿 나뭇잎을 갉아 먹는
쐐기벌레 같은 암세포가
긴 시간 동안 알코올에 염장된
간을 포식한 암 덩어리를 어루만지며
나직이 타이른다
너의 포식이 끝나는 날
너와 나는 화장장 굴뚝을 함께 거닐 것이다
그러기 전
석양이
나뭇가지의 물기를 말리는 동안
우리 악어와 악어새가 되자꾸나

경호원

오직 나만을 추종하고 신봉하는 그림자
어느 날 살갑게 속삭인다

주인님이 쓰러지면
소인네도 소멸된다고,

뜨거운 세월 앞에
혼신의 힘을 다하여 불질러 보자고,

주인의 발목을 잡고
고독을 시식할 시간을 주지 않네

벼락바위

도깨비가 하루 밤사이에 쌓았다는
전설 속 역보
큰물에도 자기 자리를 지켜온 그 보를 몰아내고
석축을 하고 시멘트 칠갑한 새 보를 세웠으니
졸지에 강바닥에 쫓겨난 고기들
투망꾼 그물코 밖을 고아처럼 맴돈다
겨울이 온다고
강 안개 사이로 낙엽이 떠내려오면
창조주께서 점지하신 벼락 맞은 멍석바위에
집시가 된 매기 붕어 몇 대손들이 모여
한여름을 건너오느라고 고생했다고,
옆구리를 비비며 겨울잠을 잘 수 있으니
벼락바위가
그들에겐 특급호텔 같은 곳

바위덩이 하나가 제자리를 지킨다는 것이
수많은 생명을 끌어안고

종족을 번식시킬 수 있는 자궁이 되었으니
있는 그대로 자리매김하면서 산다는 일
있는 그대로 시간을 그렇게 건너간다는 일

제2부

청국장

입동이 지나도 집 밖에서
서성거리는 떠돌이 개,
개 같은 팔자
핸드폰에서 아내가
나팔관을 간지럽힌다
시루 속 볏짚 위에 삶은 해콩
풍장 된 자리에서
흰 수염을 뒤집어쓰고
자기만의 미각을 뽐내고 싶어
안달 안달이라니
우리 집 마나님
주말 열차표를 예매하시라네

문자메시지

집에서 곰팡이 사냥하던 아내가
4박 5일 동해안 여행 떠나고
하루
무심하던 얼굴이 보이지 않자
궁금증이 발동하여
손 전화기 두들겨
처음 사용해 본 사랑포탄
일격에 함몰된 그녀
젖은 나를 말리느라
모처럼의 하루를 접고 허둥허둥

묵호항 밤바다 따라
출렁이는 마음이
왜 이리도 향기롭냐고
동해바다에게 물어 보았다는 여자

별난 계엄군

임대 계약서도 없이
섬진강 변 정자나무 그늘에 입주하여
등에 지고 온 아내를 내려놓았다
배꽃보다 더 예쁜 당신과 함께
곰삭아 내린 더덕장아찌가
술잔을 채워 주는 사이
쿠데타를 일으킨
계엄군단이 김밥을
완전장악하고 말았으니
결국 백기를 들 수밖에

그날

기도가 끝나고
근 육십여 년 힘든 작업을 하여
완성시킨 아버지의 납골 집
차마 문패를 놓지 못하고
무논에서 써레질하는 소처럼
등짝을 들썩이며
소리 없는 눈물로
강을 만드는 아직 덜 여문 딸
조 아 라

꽃잎을 따면서
— 국희 결혼식에서

전라도 개땅쇠를
예의 법도가 하늘을 찌른다는
충청도에서도 칠원 윤씨
종부로!
등 떠밀려니
죄 짓는 듯, 아비 마음

인연의 씨줄날줄 촘촘한
너의 옷섶을 들추어
효제孝悌라는 이름표를
걸었으니
뒤돌아보지 마라
앞산의 흰 이마 너인 듯 곱구나

내 이름 바꿔 주세요

유치원 문턱을 밟으면서
현주가 현주 이름을 처음 쓰는데
백지 위에 연필이
제멋대로 끌려다녀
지렁이 상형문자가 되었다
어린 눈에도 엉망으로 뭉개진 글씨체
비 오는 날 담장 아래 두꺼비 배처럼
심술보가 부풀러 오른
현주
예쁘고 쓰기 편한 이름으로 바꿔 달랜다
아직 젖비린내가 가시지 않은 짜증을
그날 저녁 밥상에 특별 메뉴로 올리셨다는
현주 엄마

장하다 윤대훈

안아 주려고 손 내밀면
보기 좋게 원아웃이다
뒷짐 지고 서 있는 할머니 턱 앞에
젖내 나는 손을 흔들어 사인을 보낸다
매일 보는 얼굴과 주말에만 내미는 얼굴
사이, 그 사이에 깔려 있는 이끼 같은 서먹함을
사랑이라는 빗자루로 쓸어 낸다
보물섬 만화책에 등장하는
애꾸눈 선장이 보고 싶다고
할배 눈을 그 연한 손가락으로 꾹 찌르고
까르르 웃는 모습이라니,
외손주 손가락 창에 명중되어
피는 할 배 꽃

까꿍

각을 세운 어머니란 이름보다
봄 햇살처럼 포근한
엄마란 이름이 더 살갑다
지금은
마음 놓고 부를 수도
칭얼댈 수도 없는
칼날 앞에 선 나잇살이 무섭다
까꿍, 하고 어를 때
입술꼬리 끌고 귀 밑으로 달려가고픈
나는 영원한 철부지

산행

잔디도 늙어 버린
누군가의 조상님 뜰에
가쁜 숨을 잠시 부려 놓고
빈 배 채우기에 여념이 없었더니
소솔 바람이
발아래 마을
노여움을 전하네

아뿔싸!

고수레를 깜박했구나
등산 온 반찬과 동행한
묵은 된장, 지천에 핀
민들레 씀바귀 이승과 저승
문전 서성이는 바람도 불러 앉혀
함께 한잔하시지요

제비꽃

가쁜 숨 몰아쉬며 길러 낸 자식들
숨쉬기 편하고 기름진 곳 찾아가라
등 떠밀었더니
무임승차 거부 손사래로
익산역 레일과 침목 사이에서 긴긴 시간
부들부들 떨다 봄바람에
목덜미 잡힌 제비꽃
작두날보다 더 무서운 세월의 레일 위로
얼굴 한번 내밀지도 못하고
땅에서 멀어지면 끝장이라는 오기로
허리를 낮추며
그래도 복장에 씨앗 하나 품어 안는
제, 비, 꽃,

땅굴

산 벚꽃이 하얀 손을 흔드는 날
두 어머니 가슴에 응어리를 풀어 주려
소주 한 병 내려놓고
허리 꺾으려는데
아 뿔 싸
아버지의 전령사가 된 두더지
생모 반대편
어머니 집 쪽으로
지하터널 공사를 하는지
전갈을 가는지 잔디가 들썩거린다
심술이 발동하여
발뒤꿈치에 전신의 힘을 모아
덮쳤으나
잽싸게 오던 길로 되돌아가
불효자의 분노를 고자질하는지
봄 날 이 조 용 타!

장골 아짐

맛 좀 봐 조카
올해 청주가 빛깔은 좋은디
쪼간 싱거운 것 같제

명절날이면 들려주시던
달작 지근한 동동주 같은 말씀

오늘 아침 백수마을 초입에서
수저를 놓치셨다는
안타까운 문자메시지

곰보 누님

마마꽃 진자리에 똬리를 튼
가난,
그 흉터를 끝내
털어내지 못한 채
걸음을 멈춰 버린 누님
소매 깃 추하게 보일까
베옷 한 벌 곱게
입혀 드리니

일천 도의 화염보다 더
뜨거웠을
누님의 세월이 하! 서러워
화장장 화덕 앞에 주저앉아
송곳 같은 눈물로
내 발등이나 찧고 있으니

그날 밤

서울대병원 장례식장에서
가신 분에게 발목 잡혀
그래도 반가웠다 우리는
신행길에
먼 길을 떠나신 장모님 자리를
살갑게 데워 주시던 처형
오늘 저녁에는
높은 재단 위에서
흰 국화꽃 꽃잎 사이로
내려다보며 윙크를 하신다
이 밤이 가고 나면
살갑게 마주 볼 일 없다 해도
그래도 아주 잊지는 말자고

곡주哭酒

장수에 가면
기생 논개와 소반을 마주하고
진한 술 한잔 주고받고 싶어
벼르고 별렀건만
오늘은 조부장 아버지와 상견례만 하였다
젊어서 서산 어시장 짠물에
간이 들어서
홍어 한 점이면
막걸리 한 됫박을 비우시던 분을
흰 국화꽃 바구니에 모셔 놓고,
혼자서 잔을 비우려니
영정사진이 자꾸 잡아당긴다
소리 없이 술술 넘어가야 할 술도
살붙이들이 끌고 온 곡소리 앞에서
잠시 걸음을 멈춘다
상주가 내민 곡주를 마셨다
슬픔에도 간이 드는 장수의 밤

신고식

문화 산부인과 개원 이후
아기 호랑이 울음소리로
분만실을 초토화시킨 녀석은 처음이라는데
할아버지께 받은
김민준이란 선물 꼭 쥐고
예방접종 왔노라
알리는 울음소리에 또다시 놀란
병원장님
그 목소리 잘 다듬으면
웬만한 검불들은 줄행랑치겠다
며 한참을 머뭇거리다
주사기를 내미셨네

12월 어느 날

산까치도 겨울잠에 든 가인마을을 지나
계곡물 소리 달음질치며
귀를 잡아당겨 고자질한다

산딸기나무가 복분자를 스님께 보시했다고
스님도 해우소도 안녕하신지
궁금증을 짊어진 마음을 가로막는 표지판 하나

"동안거에 든 스님이 수양하는 곳이니
내년 봄 해제까지 일반인 출입금지"

돌담 아래 서서 복분자 안부를 물어도
묵묵부답이신 청류암 부처님

제3부

미소 한 그릇

설산 허리춤에서
목탁 소리 받아먹고 사는
어린 박새 한 마리
종일 내리는 장대비에
날개 접고 앉아 있더니
아직
법당에 독경 소리 가득한데
부처님 앞서
허기진 배를 채운다
천천히 먹어도 된다고
자비롭게 굽어보시는 수도암
석가모니 부처님
바라보기만 해도 배가 불러 오는
따뜻한 미소 한 그릇

행운이 사선을 긋는다

푸른 꿈이 태양처럼 이글거릴 때는
친구와 행운도 나누어 가졌는데
돋보기안경 속을 촘촘히 뒤져도
꽁꽁 숨어 버린 네잎클로버
곱사등이처럼 허리를 꺾어
클로버 우거진 풀밭 속을
손가락 빗질하는데
청개구리, 뒷다리를
마음껏 차올리며 쉬!
뜨거운 오줌 줄기 사선을 그으며
더 이상 남의 행운을 방해하지 말란다

소식 들었어요

서울 근교에 산다는 그녀,
모처럼 고향 나들이 길에서
소식 들었노라고
가을 햇살에 잘 여문 들판 같은
총총한 생을 엮어 간다니
무지 반가운 소식이라고

그러면 되는 거 아니냐고,

옛적처럼 너스레를 떨며
지우지 못한 그림자만
핸드폰 가득 채워 주고 간
옛날 그 여자

실례합니다

오솔길을 걸어가다
세상에서 가장 적은
물웅덩이를 보면 안다
한발 앞서가는 등산객이 누구인지

바지를 내리고
엉덩이를 까발린,
여인이 만든 호수는
수심이 깊고
겨우 기초 작업만 끝낸
앞선 할매 발걸음은 질금거린다

남정네는 늘
호리는 솜씨가 있어
호수 주위에 길을 내고
오줌발로 만든
징검다리를 건너가던

솔바람도 순간
진저리를 친다

어느 태교

배불뚝이 여인이 버스 안을 두리번거리지만
양보나 사랑이란 단어를 모르는 까막눈이들로
자리가 가득한데
캄캄한 배 속에서 바깥세상을 알 리 없는
아가는 또 발길질이다
의자에 앉고 싶다고,
한 손은 손잡이를 꼭 쥐고 가쁜 숨으로
아랫배를 어루만지며
젊은 엄마가 조용히 타이른다

아가야
세상은 그렇게 만만치가 않단다
엄마가 손잡이를 붙잡듯 너도 엄마의 동아줄을
잘 붙잡고 있으려무나, 미리미리
참고 용서하는 방법을 터득하려무나

연잎 마음

도시 개발로
절반의 몸통을 빼앗기고도
의연하게
눌어붙어 있는 소공원 앞
연 방죽
떡잎 마음 키워 가며
낚싯대 드리우면
월척은 아니어도
쌍꺼풀이 예쁜 감잎 닮은 붕어
심심찮게 낚아 올리던 곳
질퍽한 세상 한구석 숨기고
허물을 덮어주는 연잎
내게도 찢어진 상처
가릴 수 있는 따뜻한
그런 연밭 하나 일구고 싶네

여울낚시

여름 하루 따갑게 건너오느라
지친 해가
앞산에 기대어
잠깐 쉬고 있는 사이
흠씬 소낙비에 두들겨 맞은
역보,
여울 가에서
바지 걷어 올리고
저녁 끼니를 찾은 피라미를
유혹하는 밀짚모자

안산

마음씨 착한 안산은
임대차 계약서도 없이
산새 신방도 꾸리게 눈감아 준다
아직 덜 여문 상수리 열매를
공짜로 따먹는 다람쥐를
부러운 눈 껌벅이며 쳐다보는
청개구리

잘한다고, 잘하고 있다고

안산이 요동을 치면 온 가족이
다 흔들린다고
날개 손뼉 치는 쓰르라미

여인들

달랑
배춧잎 지폐 한 장으로
시장바구니 배 불려 보겠다고
이리 뒤척 저리 뒤척이다 보면

해풍 속에 잠든 비린내가
유혹도 하다가
꼬리 흔드는 돈豚나물
꿀꿀거리는 소리에
허둥대다가 결국

풋비린내 나는 푸성귀나 보쌈하며
기어이 장바닥에
동전 같은 웃음이나 땡그르르
떨어뜨리고 마는
파장의 여인들

조아 식당

강소주 한 병 마시겠다고 자리에 앉아도
조아요 조아
이순내 사장님
손깍지를 끼고 들어와
석쇠에서 지글거리는 갈빗살 냄새 앞에서도
깊은 향기를 피우는 달달한 사랑 앞에서도
초롱 꽃등을 입술에 달고
조아요, 조아하신다

한 해가 무너지는 12월
동사무소 마당에다
넉넉히 넣은 소고기 떡국 가마솥을 걸어 놓고
독거노인들의 배가 무등산 수박같이 둥글어 오면
물구덩이에 갇힌 물방개 돌 듯
빙빙 마당을 돌며
팝콘 터지듯 연신
조아요 조아

옥과 한우촌

현관문이 열릴 적마다
주인아주머니 입도 따라 열린다

어서 오십시오

황소를 끌고 다니는 농부처럼
도우미 아줌마의 허리가
풀썩 꺾인다

봄철 무논에서
써레질하는 황소
황소 등처럼 힘들겠다

오늘도 주인과 아줌마는
입으로 허리의 각도로
이렇게 엇박자를 칠 수밖에

이모

점심 메뉴로 육개장에 넣을 대파를
도마 위에 올려놓고 송송 써는
구씨 아주머니에게
여직원들이 출근 인사를 한다
이모 안녕?
언제 들어도 살갑고 정겨운 말이다
내게도
점박이 막내이모 한 분 계셨는데
엄하셨던 어머님에 비해
그분은 내 고집을 꺾지 않으셨지
어머님과 나란한 이름이면서도
어머님보다 부드럽고 따뜻한 분
세상을 등진 그 이름 앞에
사랑을 송송 썰어 넣은
육개장 한 그릇 올리고 싶네

파랑돔

새만금 방조제에 작은 물혹처럼
매달려 있는 비응도 포구
그 주머니 속에 정박 중인 어선이
파도의 장단에 어깨춤을 추고
어시장 건너편
바닷물에 다리를 적시고 있는
파랑돔 횟집
접시 위에 방금 교수형이 집행된
도미 머리통이
튀김 기름을 뒤집어쓰고
원망하듯,
어안魚眼과 마주치는 순간
어안이 벙 벙
젓가락 든 손을 멈추고
하릴없이 소주잔을 비운다

취한 듯

침통한 듯 저녁 바다가
서쪽으로 가라앉는다

3분 정거장

펑퍼짐한 주모 엉덩이
그 어디쯤에서
어깨와 어깨를 마주 건 꾼들
상처 입은 하루를 이끌고
충장로 뒷골목
선술집으로 모여든다

바람 불어도 좋은 날

고춧가루로 붉게 치장하고
통무에 올라앉은
파랑 치는 시간을 건너온
멸치 한 마리
허리를 곱게 접고
깊은 명상 중!
살아 있는 명화도
만날 수 있는 그곳

삼계탕집 풍경

닭 벼슬처럼 입술이 붉은
여자 셋을 거느린 젊은 수컷
뜨거운 뚝배기 안에
영계를 눕혀 놓고 뜸을 들인다
어느 암탉을 먼저 먹을까
프라이팬 위 계란처럼
중천에 해는 지글거리는데
저 남자 목구멍에서 금방
꼬끼오, 소리라도 터져 나올 듯
중복 날 누구는 복도 많은데

녹두집

철판 위에서 뒤집기 운동을 하는
빈대떡을 만나면
막사발에 막걸리가 파도를 일으켜
갈매기를 오라 하고
맑은 소주와 마주 앉으면
암소 갈비짝을 만져 주고 싶어서 안달이다
그림자를 포식한 어둠이
오늘 저녁에는
어느 주酒님에게 데이트 신청을 하실 거냐고
자꾸 치근덕거리네

제4부

형모 형님

가물치를 보면 형님 생각이 난다
가뭄이 들어 배고픈 진사보에서
작살을 피해 물풀 속으로 몸을 숨기는
가물치 등짝처럼
푸르스름한 입술 사이로
히죽히죽 웃음을 흘리며
봇둑으로 올라오시던 형님 손에는 늘
꼬리를 내린
큰 물고기 풍경화가 들려 있었다

사장님은 데이트 중

노상술입니다
통성명을 하고 나선
꼭 말미에 토를 단다

노상, 술만, 마시니
노상술이 아니겠소

박장대소 앞에서
술잔이 덩실덩실 춤을 춘다

갈 길이 바쁜 저녁 햇살을
잠시 식탁 위에 올려놓고
오늘도
주酒 선생하고
데이트 중인 강대원 사장님

파장

석양 바람이 불면
풀어놓은 보따리 꾸리기에 부산하다
먹다 남은 술잔도
입술과 입술 사이를 오가느라고 바쁜
옥과 5일장 땅거미 앞에서
고향 마을을 비켜 앉은 영철이 형님
논산훈련소 수송부 근무할 적에
지. 엠. 시. 트럭 한 대 슬쩍하다
육군 교도소 수형생활 했다는
전설 같은 젊은 날을 또 주무르고 있다
귀가 아프게 들은 이야기
주모가 행주에 닦으며
어둡기 전 텃밭에 상추씨 아욱씨
심겠다는 등에 대고

염병할 한 잔만 더 퍼 주고 가지

이춘행

담양군 용면에 가면
정년이 없는 천주교 묘역에 취직을 한
이춘행 친구가 살고 있다
밥맛 없을 때도 세 그릇 밥을
거뜬히 비우던 친구
아무거나 먹어도 행복해하던
하이네란 별명을 가진 친구
퇴로가 없는 북망산도 두려움 없이 오른
돌절구 같던 든든한
한 가정의 기둥
이제는 폭풍 같은 그리움이
새 길을 내야 만날 수 있는 친구

딸기코

미처 잔이 차기도 전에 홀짝홀짝
늘 목이 타는 빈잔
주전자 주둥이를 연신 힐끔거리네
술잔과 정을 통하고도
노루 궁둥이 같은 도우미 엉덩이에
슬쩍 기대고 싶어
안절부절 못하는 한겨울의 붉은 딸기,
코

돈키호테

비틀걸음이 둑방 길에서
경찰관 어깨와 부딪쳤다
톤을 높인 경찰관

대학생은 좌우측 통행도 안 배웠나?
외나무다리에서도 교통법규가 있습니까?

낮술에 꼬부라진 혀로
실랑이를 벌이던 내 친구 서옥남 돈키

허리 디스크 수술로 침대에 누워서
예쁜 간호사로 바꾸어 달랬다가
손이 발이 되도록 빌고
퇴실을 겨우 면한 김낙규 돈키

징검다리를 건너뛰다 냇가에 빠져
난생처음 신은 백구두를 하늘에 들어 보이며

내 백구두는 안 젖었다고 절규하다
물장구를 치던 유재남 돈키

그리운 돈키들

아침 노동

1일 2식을 고집했지만
고희를 넘기고 산행을 할 때면
앞서가는 발걸음 따라가기 힘들다
익수당 이 원장님
나이 들면 아침곡기를 꼭 챙겨야
무병장수 한다기에
고양이 밥 먹듯이
밥알을 굴리고 있는데
한 수저만 더 떠 보라고 보채는 아내
안 하던 아침 노동 일감을 보냈다고
심술을 부리는 위통
소화제로 겨우 달래 주었네

익수당 한약방

꽃사슴 뿔이 약탕기 속에서
춤을 추며 하얀 김을 토해 낸다
구례 화엄사 계곡 근방에서
연한 혀를 찌르던 고향의 방언
소고기를 소개기가 먹고 싶어
소병 나겠다는 이 원장
우모라도 달여 먹으라고
되받아치시는 김 회장님
푸줏간에 매달려 있는 고기는 보았지만
개기는 못 보았다고
이 원장을 몰아세우시네

사진작가

하창섭 내 친구
아내의 유두산을 오르락내리락 오염시켜
암세포가
둥지를 틀었다고 자책하다
정성을 다하여
필름에 보정을 하듯
암세포를 골라내느라
술잔도 팽개치고
홀아비는 싫다고 기도하더니,
요즘은 부인과 손깍지를 끼고
카메라에 화사한 피사체를 담느라고
산과 들을 산비둘기처럼 날아다니네

노병의 헛소리

모처럼 휴가 나왔지만
텅 빈 호주머니뿐인
귀신 잡는 해병
동승한 친구 손에 포승을 채워
탈영병으로 위장시켜
역무원의 눈을 멀게 했던 간 큰
이영일 친구
우울증과 놀기가 심심했나
어느 날 느닷없이 전화가 걸려 왔다
자기 죽음과 동행하고 싶은 친구
6인 중에 나도 들어 있다고,
웃기지 마라
마주 앉아 빈 술병 속에서
길을 잃고 비몽사몽하길 반세기
손 내밀 곳도 없는
저승에서 노자 떨어지면
내 손에 또 포승 채우려고

도시 속의 섬

도시 속에 자리 잡은 섬 하나
그 외로운 섬에서 긴
시간이 빠져나갔다
짧은 삼 일간의 휴가 중
하루의 깃발을 빼들고
뇌졸중에 말을 빼앗긴 섬지기 찾아
그 섬에 상륙하였다
살붙이도, 거머리처럼 달라붙던
주위들도
침묵의 강에 다 묻혀 버렸다
덫에 갇힌 들짐승의 퀭한 눈으로
문고리만 바라보고 있는 섬지기
친구

상고머리
— 김원기 친구

물총새 알을 많이도 주워 늘
호주머니가 불룩했던 까까머리였는데

강스파이크도 힘차게 잘 때렸던 상고머리
배구 선수였는데

처음 보는 신부 앞에서도
그냥 그 머리 숙맥 새신랑이었는데

어느 날 하정맥이 막혀
발목을 버려야 산다며

병실 침대에 걸터앉아 의족을 만지면서
풋풋한 웃음으로 짠한 내 마음을
말려 주던 눈물 같은 친구

그녀는 외출 중

귀뚜라미 우는 밤
주기현 친구가 전화를 하였다
집을 떠나 있으니 외롭겠다고,
싱싱한 젊은 꽃 한 송이 보냈으니
빨리 문 열고 그 향기에 취해 보라고
나를 관통시키는 불타는 화살촉을 가진 친구
생소한 그녀를 맞이하려고
카카오톡 문을 열었다
아 뿔 싸!!
동영상 문은 열리지 않고
뜨겁게 달구어 줄 거라는
야시시한 아가씨는 외출 중이다
서투른 핸드폰 솜씨에게
문자메시지를 띄웠다

뚜쟁이 노릇 하려거든 확실하게 하라고

유덕有德
— 김일재 사장님

임대차 계약서에 인주 발라 주고
빌리셨을까
불룩 나온 나폴레옹 장군 배를 앞세우고
쉴 새 없이 열리는 문을 향해
짧은 등을 꺾어
드나드는 사람들을 맞이하신,
미소가 불전 앞 향불처럼 향기롭다
보너스 받는 날이면
굳게 다문 통장 입을 열어
찬 공기 가득한 호주머니
냉기를 틀어막아 주시고
가벼워진 통장을 다독이며
너도 한 짐을 덜었으니
몸이 가벼워서 좋겠다고
연꽃 같은 마음으로 웃으시는
사장님

딱따구리 노 부장

한남글라스 사무실엔
목소리 투박한 딱따구리 한 마리
십 년째 버티고 앉아 있다
수화기가 토해 낸 소리가 귓속
나팔관을 난도질했다고 하는데
아마 어머님이 만들어 준 무기일 게다
남을 개의치 않고 두들겨 대는
꽹과리 소리에
매번 함몰당하는 공간
암컷이었다면 시집가 첫날밤
소박 면키 어려웠을 터,

오는 봄날
마른 가슴에 소리의 배려라는
깃발 하나 꽂아 보시게나

천왕봉
— 2008년 5월 11일 백무동 등산로 초입에서
　지리산 신령께 입산을 고하고 길을 나섰다

맨 후미에서 아이고!를 입에 물고
앞서가는 그림자 놓칠세라
연신 땀을 훔치는 도현이 할머니
선두에서 백무동 계곡 바람으로
불씨를 일으키랴 앞뒤를 챙기랴
우리들의 산 대장 김 회장님
5시간을 태워도 꺼지지 않는 불씨로
하늘 궁전에 도착했으나
한발 앞선 등산객들로 장터가 되었으니
지상 어디에서도 천왕은 찾을 수 없고
줄을 서서 천왕봉 표지판을
카메라에 담으려는 욕심이 마른번개처럼
마음에 달라붙어
하산하는 발걸음이 천근만근인데
일 년에 몇 번뿐인,
구름 티 한 점 없는 천왕의 얼굴을
그래도 보고 가니
축복받았다는 장터목 산장 주인

12월

기우는 해를 바라보느라고 목이 아프다
쌓인 그리움을 이기지 못해
수심 얇아진 엽보에 누워 버리는
진눈깨비,
배고픈 고향을 뿌리친 친구 박형규
서울 살이 싫다고 어느 날
밥숟가락을 던져 버렸다는 슬픈 소식
서울까지 신작로가 뚫리지 않았다면
가마솥 누룽지처럼
그냥 고향에 잡초의 뿌리가 되었을 텐데
신작로 길이 원망스러워
은근슬쩍 내가 좋아했던 가시내도
저무는 12월을 따라
쭉쭉 뻗은 길을 따라갔다지

객사客思

돌담을 베고 노릇하게 굽고 있는
고양이 꼬리를 베고
잠들고픈 오후
퇴근길에 삼천동 막걸리 골목에서
설익은 하루를 마저 굽자고
이 부장, 조 차장에게 윙크를 던졌다
곗날 모임 결혼기념일에
선약이 되어서 미안하다고,
선술집 가는데도
놉을 얻어야 하는 떠돌이

오늘 같은 날
처마 낮은 집에라도 들어
틀니에 매달린 유행가라도
가슴에 안아 보고픈 전주의
봄 밤

작품 해설

고향 인식의 양가성과 타인을 껴안는 방식

서 안 나
(시인)

　문학 속에 나타나는 고향은 시대와 외부 현실에 관한 시인의 인식과 태도를 표출하는 소재인 동시에 문학 연구의 핵심 테마라 할 수 있다. 고향은 인간에게 있어 탄생의 서사와 유년 시절의 내력이 온몸에 체화된 원초적 감각의 근원지라 할 수 있다. 따라서 현대시에서 고향 인식은 근대화와 산업화로 인한 도시화와 고향 상실감 그리고 그로 인한 향수의 대상으로 표출되거나 유토피아적 공간으로 다양하게 변주되어 나타나고 있다.
　김관옥 시인의 시집 역시 고향을 주요한 테마로 삼고 있다. 시집에서 시인이 지향하는 세계는 고향 해체와 상실로 인한 피폐화한 현실에 예속되기보다는 고향이 지니는 생명력의 발견과 공동체적 삶의 회복에 있다. 그의 시집에 나타나는 고향의 시적 수용은 고향 상실감에서 기인하는 실존적 조건에서 비롯하고 있으며, 비극적 공간과 유토피아적 공간으로 이분화하고 있다.

김관옥 시집에서 비극적 공간과 유토피아적 공간으로 이분화하는 고향 인식의 양가성은 어떠한 시적 소재를 선택하는지에 따라 고향 인식 정황이 커다란 변주를 보여 주고 있다. 고향 친구들의 죽음과 투병이란 시적 소재와 결합하였을 때 고향은 비극적인 공간으로 부각되는 반면, 유쾌한 유년기 추억이 시적 소재로 취했을 때 고향은 유토피아적 공간으로 변모하고 있다. 이번 시집에서 시인은 고향 인식의 양가성을 통해 고향 상실감이라는 비극성을 출발점으로 삼고 있지만, 고향 회귀의 열망을 통해 자본주의가 지니는 속성과 한계를 파악하고 인간적인 삶의 방식을 복원하려는 시적 세계관을 지향하고 있다.

고향 상실과 죽음의 이미지

시에서 고향이 향수의 대상으로 안온하게 다루어지는 반면, 김관옥 시집에서 고향은 죽음의 이미지와 착근하여 비극적인 공간으로 형상화하고 있다. 비극적인 고향 인식은 시적 화자의 내면 감정을 토로하는 대상으로 구체화하고 있다.

이러한 시적 화자의 내면 감정의 토로는 곧 고향 상실에 그 출발점을 두고 있다.

> 산 벚꽃이 하얀 손을 흔드는 날
> 두 어머니 가슴에 응어리를 풀어 주려
> 소주 한 병 내려놓고
> 허리 꺾으려는데
> 아 뿔 싸
> 아버지의 전령사가 된 두더지
> 생모 반대편
> 어머니 집 쪽으로
> 지하터널 공사를 하는지
> 전갈을 가는지 잔디가 들썩거린다
> 심술이 발동하여
> 발뒤꿈치에 전신의 힘을 모아
> 덮쳤으나
> 잽싸게 오던 길로 되돌아가
> 불효자의 분노를 고자질하는지
> 봄 날 이 조 용 타!
> ―「땅굴」전문

> 전라도 개땅쇠를
> 예의 법도가 하늘을 찌른다는
> 충청도에서도 칠원 윤씨
> 종부로!
> 등 떠밀려니

죄 짓는 듯, 아비 마음

인연의 씨줄날줄 촘촘한
너의 옷섶을 들추어
효제孝悌라는 이름표를
걸었으니
뒤돌아보지 마라
앞산의 흰 이마 너인 듯 곱구나
    —「꽃잎을 따면서 – 국회 결혼식에서」 전문

「땅굴」이란 작품에서는 시적 화자의 고통스러운 유년 시절의 추억과 어머니에 대한 애틋한 그리움이 잘 묘사되고 있다. 시의 정황상 시적 화자에게는 두 분의 어머니가 계셨던 듯하다. 비극적인 가족사로 인해 생모는 생전에 '가슴에 응어리'가 맺혔던 분이며, 이로 인해 시적 화자 역시 힘든 유년 시절을 보냈음을 유추할 수 있다. 시적 화자는 "산 벚꽃이 하얀 손을 흔드는 날/ 두 어머니 가슴에 응어리를 풀어주려" 산소를 찾아간다. 하지만 '두 어머니'의 가슴에 맺힌 한을 풀어 주려는 시적 화자의 화해 시도는 와해하고 있다. 생모가 아닌 어머니의 무덤으로 향하는 젊은 날 아버지의 행보와도 같은 두더지의 땅굴을 보면서 유년 시절의 고달픔을 추체험하고 있다. 두더지의 행로는 아버지와 두 분의 어머니 그리고 애증의 시선으로 이를 지켜봐야 했을 시적 화자의 고통 은유에 다름없다. 이렇듯 시적 화자에게 고향은 아픈 가족사의 기억으로 덧칠된 비극적인 공간으로 드러나고 있다. 그러나 이러한 고통은 시적 화자에게 계속 현재화하고 있다. 시적 화자가 아비가 되어 딸 '국희'(「꽃잎을 따면서」)를 결혼시키면서 가부장적 사회에서 여성이 겪어야만 하는 고통의 굴레가 딸에게 대물림되는 상황을 안타까워하고 있다. 엄한 가문의 가부장적 질서 속으로 편입되어야만 하는 '종부'로서의 숙명을 딸에게서 다시 발견하고 있다는 점이다. 이처럼 시적 화자에게 고향은 고통이 연속되는 비극적인 공간으로 인식되고 있다.

> 담양군 용면에 가면
> 정년이 없는 천주교 묘역에 취직을 한
> 이춘행 친구가 살고 있다
> 밥맛 없을 때도 세 그릇 밥을
> 거뜬히 비우던 친구
> 아무거나 먹어도 행복해하던
> 하이네란 별명을 가진 친구
> 퇴로가 없는 북망산도 두려움 없이 오른
> 돌절구 같던 든든한
> 한 가정의 기둥
> 이제는 폭풍 같은 그리움이
> 새 길을 내야 만날 수 있는 친구
> ―「이춘행」 전문

물총새 알을 많이도 주워 늘
호주머니가 불룩했던 까까머리였는데

강스파이크도 힘차게 잘 때렸던 상고머리
배구 선수였는데

처음 보는 신부 앞에서도
그냥 그 머리 숙맥 새신랑이었는데

어느 날 하정맥이 막혀
발목을 버려야 산다며

병실 침대에 걸터앉아 의족을 만지면서
풋풋한 웃음으로 짠한 내 마음을
말려 주던 눈물 같은 친구
       —「상고머리-김원기 친구」 전문

도시 속에 자리 잡은 섬 하나
그 외로운 섬에서 긴
시간이 빠져나갔다
짧은 삼 일간의 휴가 중
하루의 깃발을 빼들고
뇌졸중에 말을 빼앗긴 섬지기 찾아
그 섬에 상륙하였다
살붙이도, 거머리처럼 달라붙던
주우들도
침묵의 강에 다 묻혀 버렸다
덫에 갇힌 들짐승의 퀭한 눈으로
문고리만 바라보고 있는 섬지기

친구
—「도시 속의 섬」 전문

「이춘행」,「상고머리-김원기 친구」,「도시 속의 섬」의 일련의 시편에서 등장하는 인물들은 모두 시적 화자와 유년 시절을 함께했던 고향 친구들이며, 그들의 투병 소식과 죽음을 시적 소재로 삼고 있다. 고향 친구들은 '뇌졸중'에 걸려 투병 중이거나 도시 속에 홀로 떠 있는 섬처럼 죽음과도 같은 침묵 속에 갇혀 고독과 비애감을 경험하고 있다. 시적 화자는 순박하고 정겨운 고향 친구의 충격적인 비보를 전해 듣고 친구를 병문안하고 있으며, 그 아픔을 온몸으로 공감하고 있다.

그러나 시적 화자가 회상하는 고향에서의 친구 모습은 건강한 생명력을 지닌 역동적인 존재들이었다. "밥맛 없을 때도 세 그릇 밥을/ 거뜬히 비우던 친구"이며 "아무거나 먹어도 행복해하던" "돌절구 같던 든든한/ 한 가정의 기둥"이던 이들이다. 또한 "물총새 알을 많이도 주워 늘/ 호주머니가 불룩했던 까까머리"였으며 "강스파이크도 힘차게 잘 때렸던 상고머리/ 배구 선수"였다. 또한 "신부 앞에서도/ 그냥 그 머리 숙맥 새신랑이"(「상고머리-김원기 친구」)였던 순박한 이들이었다. 그러나 이들은 고향을 떠나 도시에서의 타향살이에서 '하정맥이 막혀/ 발목을 버'리고 '의족'에 의지해야만 하는 불구의 육체로 드러나고 있다. 그리고 "뇌졸중에 말을 빼앗"겨 "침묵의 강에 다 묻혀 버렸"으며 "덫에 간힌 들짐승의 퀭한 눈으로/ 문고리만 바라보고 있"(「도시 속의 섬」)다. 죽음과 친구의 병든 신체로 각인 되는 고향은 "슬픔에도 간이 드는"(「곡주哭酒」) 해체된 고향의 표상이라 할 수 있다.

   이와 같이 시적 화자에게 고향은 어머니와 고향 친구들의 죽음 그리고 투병 소식을 통해 불모의 땅으로 인식되고 있음을 알 수 있다. 삶의 유한성을 인식할 수밖에 없는 비극적 현실에서 시적 화자의 고향 상실감은 삶의 존재론적 차원으로 심화하고 확장되어 삶을 반추하는 동인으로 작동하고 있다.

>기우는 해를 바라보느라고 목이 아프다
>쌓인 그리움을 이기지 못해
>수심 얇아진 역보에 누워 버리는
>진눈깨비,
>배고픈 고향을 뿌리친 친구 박형규
>서울 살이 싫다고 어느 날
>밥숟가락을 던져 버렸다는 슬픈 소식
>서울까지 신작로가 뚫리지 않았다면
>가마솥 누룽지처럼
>그냥 고향에 잡초의 뿌리가 되었을 텐데
>신작로 길이 원망스러워
>은근슬쩍 내가 좋아했던 가시내도
>저무는 12월을 따라
>쭉쭉 뻗은 길을 따라갔다지
>
>   —「12월」전문

12월은 1년의 가장 마지막 달이며 인간의 삶으로 셈하면 노년의 시간에 해당한다. 12월의 어느 날 시적 화자는 친구의 부음을 받고 지난날의 삶의 방식을 회고하고 있다. 죽음을 맞은 시적 화자의 친구는 가난하고 '배고픈 고향'을 떠나 '서울 살이'를 하던 죽마고우다. 시적 화자는 친구가 고향에서 살았다면 더 오래 살았을 것이라며 일찍 생을 마감한 친구에 대한 안타까운 심정을 토로하고 있다. 죽음 앞에서 인간은 생명의 유한함을 강렬하게 인식하기에 시적 화자의 삶이 반추는 당연한 일이기도 하다. 고향의 해체와 상실로 떠난 타향, 즉 도시는 생존을 위해 경합하는 사냥터와 같은 곳이다. 시적 화자는 "내 삶도 그랬던가?// 사정거리에서 어른거리는 먹잇감을 놓치고/ 허공에 나동그라지는 나는 피에로// 도마뱀 혀라도 빌려 와/ 그 사냥 법을 익혀야겠네"(「헛손질」)라며 도시에서의 삶의 피폐함을 토로하고 있다.

　　근대화와 산업화로 이농과 도시 집중화가 불러온 농촌의 해체는 곧 수많은 탈향민을 양산하였다. 고향을 떠나 도시 빈민으로 전락한 탈향민들은 힘겹고 고단한 삶에 부닥칠 수밖에 없다. 이러한 타향살이에서 정겹던 지인들이 투병과 죽음은 시적 화자에게 고향 상실과 같은 고통으로 재확인되고 있다. 시적 화자에게 고향 지인들의 부음과 투병은 곧 유토피아의 상실이라는 은유의 레토릭으로 읽을 수 있다. 그러나 김관옥의 시 세계에서 시인이 고향 상실에서 기인한 비애감과 비극적 현실에만 치중하는 것은 아니다. 시인의 시적 의지는 시에서 고향이 지니는 생명의 역동성을 발견하고 유토피아적 세계를 지향하는 또 다른 고향 인식도 선보이고 있다.

유토피아로서의 고향과 타인을 껴안는 방식

김관옥의 시집에서 고향의 부모님과 친구의 죽음이 훼손된 고향의 표상이라면, 유년기와 청년기를 함께한 고향 친구들과의 에피소드는 유토피아적 세계를 표상한다. 유토피아적 공간으로 드러나는 고향은 능청과 해학적 진술 방식을 통해 형상화하고 있다. 시에서 나타나는 능청과 해학의 진술 방식은 일상성을 통한 개인사적인 감정 방출과 방언의 시적 수용에 있다. 방언과 로컬리즘을 통해 진술되는 일상의 개인사적 감정 방출은 시에서 고향이 지니는 생명력과 현장감을 획득하는 미적 자질로 드러나고 있다.

> 가물치를 보면 형님 생각이 난다
> 가뭄이 들어 배고픈 진사보에서
> 작살을 피해 물풀 속으로 몸을 숨기는
> 가물치 등짝처럼
> 푸르스름한 입술 사이로
> 히죽히죽 웃음을 흘리며
> 봇둑으로 올라오시던 형님 손에는 늘
> 꼬리를 내린

큰 물고기 풍경화가 들려 있었다
　　　　　　　　　　　　―「형모 형님」 전문

「형모 형님」에서는 시적 화자와 어릴 적부터 함께하던 고향의 지인이 등장하고 있다. '형모 형님'은 "가뭄이 들어 배고"프고 가난했던 시절에 사람 좋은 웃음을 "히죽히죽" 흘리며 맛난 물고기를 잡아 배를 채워 주던 이다. 시적 화자는 배고프던 시절 형모 형님이 작살로 잡아 주던 그 구수한 가물치의 맛을 잊지 못한다. 어린 시절 미각으로 몸에 밴 가물치의 맛은 곧 고향의 맛이기도 하다. 몸을 통해 감각하는 고향의 맛은 시적 화자에게 고향의 낙천적이고 안온한 정서를 환기해 주고 있다.

　　　석양 바람이 불면
　　　풀어놓은 보따리 꾸리기에 부산하다
　　　먹다 남은 술잔도
　　　입술과 입술 사이를 오가느라고 바쁜
　　　옥과 5일장 땅거미 앞에서
　　　고향 마을을 비켜 앉은 영철이 형님
　　　논산훈련소 수송부 근무할 적에
　　　지. 엠. 시. 트럭 한 대 슬쩍하다
　　　육군 교도소 수형생활 했다는
　　　전설 같은 젊은 날을 또 주무르고 있다
　　　귀가 아프게 들은 이야기
　　　주모가 행주에 닦으며

어둡기 전 텃밭에 상추씨 아욱씨
심겠다는 등에 대고

염병할 한 잔만 더 퍼 주고 가지
—「파장」전문

비틀걸음이 둑방 길에서
경찰관 어깨와 부딪쳤다
톤을 높인 경찰관

대학생은 좌우측 통행도 안 배웠나?
외나무다리에서도 교통법규가 있습니까?

낮술에 꼬부라진 혀로
실랑이를 벌이던 내 친구 서옥남 돈키

허리 디스크 수술로 침대에 누워서
예쁜 간호사로 바꾸어 달랬다가
손이 발이 되도록 빌고
퇴실을 겨우 면한 김낙규 돈키

징검다리를 건너뛰다 냇가에 빠져
난생처음 신은 백구두를 하늘에 들어 보이며
내 백구두는 안 젖었다고 절규하다
물장구를 치던 유재남 돈키

그리운 돈키들

―「돈키호테」전문

>모처럼 휴가 나왔지만
>텅 빈 호주머니뿐인
>귀신 잡는 해병
>동승한 친구 손에 포승을 채워
>탈영병으로 위장시켜
>역무원의 눈을 멀게 했던 간 큰
>이영일 친구
>우울증과 놀기가 심심했나
>어느 날 느닷없이 전화가 걸려 왔다
>자기 죽음과 동행하고 싶은 친구
>6인 중에 나도 들어 있다고,
>웃기지 마라
>마주 앉아 빈 술병 속에서
>길을 잃고 비몽사몽하길 반세기
>손 내밀 곳도 없는
>저승에서 노자 떨어지면
>내 손에 또 포승 채우려고

―「노병의 헛소리」전문

「파장」,「돈키호테」,「노병의 헛소리」에서 나타나는 해학성 역시 고향이 지니는 온정을 잘 드러내고 있다. 시를 읽다 보면 시적 화자의 넉넉한 웃음과 사람 좋은 얼굴이 눈에 잡힐 것만 같다. 「파장」에서 등장하는 '영철 형님'이나 '돈키호테 같은 친구 서옥남', 시적 화자를 궁지에 몰아넣었던

'이영일' 친구 역시 엉뚱하기는 마찬가지다. 대담하기까지 한 친구들의 행각은 두고두고 술자리의 안줏거리가 되는 법이다. 고향 장날 술잔을 앞에 두고 어쭙잖은 영웅담을 펼치는 순박한 심성을 지닌 자들이다. 일련의 시편에서 나타나는 향토성을 중심으로 한 시의 해학성은 고향 장터의 술좌석에 꽃이 피게 하고 달빛을 더 높이 밀어 올리고 있을 것만 같다.

  살펴본 것과 같이 친구들과 연관된 유쾌한 에피소드가 시적 소재로 차용되어 나타나는 고향은 긍정적인 화해와 포용의 공간으로 묘사되고 있다. 유토피아적 고향은 시적 소재가 고향 친구들과의 추억을 반추하는 과정에서 형상화하고 있다. 이는 고향 상실이라는 비극성을 봉합하고 고향이 지니는 생명력과 포용의 세계를 구현하려는 시적 화자의 의지에 있다. 유년의 유쾌한 추억이 함께하는 고향은 타인을 배제하거나 서열화하지 않고 갈등이 제거된 소통의 공간이다. 타인을 껴안는 고향은 곧 함께 어우러지는 공동체적 삶의 온기를 보여 주는 유토피아적 속성을 지닌 곳이라 할 수 있다.

      맛 좀 봐 조카
      올해 청주가 빛깔은 좋은디
      쪼간 싱거운 것 같제

      명절날이면 들려주시던
      달작 지근한 동동주 같은 말씀

오늘 아침 백수마을 초입에서
수저를 놓치셨다는
안타까운 문자메시지
　　　　　　　　　—「장골 아짐」 전문

꽃사슴 뿔이 약탕기 속에서
춤을 추며 하얀 김을 토해 낸다
구례 화엄사 계곡 근방에서
연한 혀를 찌르던 고향의 방언
소고기를 소개기가 먹고 싶어
소병 나겠다는 이 원장
우모라도 달여 먹으라고
되받아치시는 김 회장님
푸줏간에 매달려 있는 고기는 보았지만
개기는 못 보았다고
이 원장을 몰아세우시네
　　　　　　　　—「익수당 한약방」 전문

「장골 아짐」과 「익수당 한약방」에서 두드러지는 점은 방언의 시적 수용이다. '장골 아짐' 역시 매해 명절날 직접 빚은 '청주'를 보내 줄 만큼 자상한 집안 어른이시다. 시에서 구어체로 진술된 날것으로서의 방언은 시적 화자와 장골 어른 사이의 정겨움과 고향이 지니는 토속적인 정감을 잘 살려 내고 있다. 「익수당 한약방」에서는 고향 지인인 '이 원장'이 운영하는 '익수당 한약방'이라는 특정 상호가 드러나고 있다. 시의 문맥상 '이 원장' 역시 시적 화자와 같이 고향에 관한 향수와 고향 회귀의 열망을 지닌 존재다. 이때 두 편의 시에서 수용된 방언의 효과와 특정 상호와 지명과 인명 등은 후각과 미각 등의 토속적 감각과 더불어 현장성을 획득하고 있다. '소고기'를 '소개기'로 부르는 방언은 어린 날 시적 화자와 지인들의 "연한 혀를 찌르던" 고향 냄새가 온몸에 미각으로 체화된 감각어인 셈이다. '고기'를 '개기'로 부르는 몸의 언어인 방언은 도시의 표준어로는 해갈되지 않는 충만한 고향의 감각을 소환하고 있다. 또한 시에서 방언으로 오가는 대화를 통해 시의 생동감과 현장성을 높이는 시적 효과를 부각하고 있다.

 방언의 시적 수용은 시에서 고향이 지니는 생명력과 문명어와 대치되는 원시적인 생소함을 환기하는 효과를 부여한다. 표준어가 미처 담지 못하는 고향의 생활 정서가 용해된 방언은 시에 구체적인 사실성을 부여하여 리얼리티를 획득하게 하고 고향의 향토적 분위기를 효과적으로 구현한다. "문학 작품의 창작에 있어 다양한 언어의 이질성을 활용하는 것은 문학적 표현의 효용성을 높이는 데 매우 유효한 수단 가운데 하나다. 문어체나 구어체는 물론 방언이나 비속어 등을 적절하게 구사함으로써 시인이 의도한 바를 보다 정확하게 드러낼 수 있다. 표현적인 측면에서 볼 때, 방언을 활용한 시작詩作은 표현의 다원화를 이룩하는 데 커다란 역할을 감당하고 있다. 정서적인 면에서도 방언은 민중의 일상과 정감에 밀착되어 있어 탁월한 전달력과 호소력을 획득

할 수 있을 뿐만 아니라 직접성과 현장성을 띠고 있으므로 민중들의 질박한 삶을 진술하게 표출할 수 있는 것도 사실이다. 따라서 방언은 민중의 정서적 감염에 가장 효과적인 매개가 된다고 볼 수 있다."[1]

>강소주 한 병 마시겠다고 자리에 앉아도
>조아요 조아
>이순내 사장님
>손깍지를 끼고 들어와
>석쇠에서 지글거리는 갈빗살 냄새 앞에서도
>깊은 향기를 피우는 달달한 사랑 앞에서도
>초롱 꽃등을 입술에 달고
>조아요, 조아하신다
>
>한 해가 무너지는 12월
>동사무소 마당에다
>넉넉히 넣은 소고기 떡국 가마솥을 걸어 놓고
>독거노인들의 배가 무등산 수박같이 둥글어 오면
>물구덩이에 갇힌 물방개 돌 듯
>빙빙 마당을 돌며
>팝콘 터지듯 연신
>조아요 조아
>
>―「조아 식당」 전문

---

1) 김영철, 「현대시에 나타난 지방어의 시적 기능 연구」, 『우리말글』 제25호, 2002, 100쪽.

임대차 계약서에 인주 발라 주고
빌리셨을까
불룩 나온 나폴레옹 장군 배를 앞세우고
쉴 새 없이 열리는 문을 향해
짧은 등을 꺾어
드나드는 사람들을 맞이하신,
미소가 불전 앞 향불처럼 향기롭다
보너스 받는 날이면
굳게 다문 통장 입을 열어
찬 공기 가득한 호주머니
냉기를 틀어막아 주시고
가벼워진 통장을 다독이며
너도 한 짐을 덜었으니
몸이 가벼워서 좋겠다고
연꽃 같은 마음으로 웃으시는
사장님
─「유덕有德─김일재 사장님」 전문

   시에 등장하는 '조아 식당'의 '이순내 사장님'이나 '유덕'의 '김일재' 사장님 모두 도시에서 힘겨운 삶을 꾸려 나가고 있는 이웃들이다. 이들의 공통점은 힘겨운 삶 속에서도 마음 씀씀이가 넓고 향기로운 미소를 잃지 않는 것이다. 그들은 '유덕有德'한 사람들이기에 '독거노인들'을 위해 봉사를 하고 타인에 대한 배려심과 그 의지를 삶에서 실천하는 인물들이다. 이러한 삶의 태도를 견지하는 방식은 도시적인 삶의 방식이기보다는 자본논리에 함몰되지 않는 고향의 표상에 가깝다고 할 수 있다.

시적 화자가 인식하는 도시란 "양보나 사랑이란 단어를 모르는 까막눈이들로"(「어느 태교」) 가득한 곳이다. 이 때문에 도시의 삶이 "만만치가 않"으며 "참고 용서하는 방법을 터득"(「어느 태교」)해야만 삶을 영위할 수 있는 곳이다. 시에서 시적 화자가 강조하는 '참고 용서하는 방법의 터득'은 타인에 대한 배려와 여유로움으로 나타난다. 시에 등장하는 '이순내 사장님'이나 '유덕'의 '김일재' 사장님은 이미 그 비법을 터득했기에 삭막한 도시 속에서 고향과 같은 공동체적 공간을 회복하려는 의지를 실현하고 있는 존재들이다. 그들이 표명하는 의지는 속도에 편승하지 않는 행위라 할 수 있다. 속도란 문명의 질주를 대변하기 때문이다. 속도를 거부하거나 소거시키는 행위는 곧 자본의 위력과 허위의식을 제압하는 방식이기도 하다. 물질문명의 속도에 편승하거나 현혹되기보다는 자신의 이상적인 삶을 완성하기 위하여 타인을 배려하고 공동체적 행복을 실현하려는 시인의 의지와 부합되는 인물들이라 할 수 있다.

김관옥 시집에서 드러나는 고향의 시적 수용은 고향 상실감에서 기인하며, 고향 회귀를 열망하고 있다. 이러한 고향 회귀의 열망은 시에서 비극적이고 유토피아적인 고향 인식의 양가성으로 드러나고 있다. 김관옥 시집에서 나타나는 고향 인식의 양가성은 고향을 주제로 삼는 여타의 시인들과 차별화되는 개성을 확보하고 있다. 그리고 김관옥 시인은 해체되고 황폐화한 고향의 비극적 현실에 예속되거나 경쟁과 고립의 도시의 삶 속에 침윤되지 않고 자본주의가 지니는 한계와 갈등의 속성을 파악하여 배제와 갈등이 소거된 공동체적 온기를 복원하려는 시적 세계관을 지향하고 있다. 시집에서 공동체의 온기를 복원하려는 시인이 의지와 시적 지향점은 곧 김관옥 시인의 시 세계의 심화된 사유의 깊이를 알 수 있게 해 준다.

시인 김관옥

전남 곡성 옥과에서 태어났고
2007년 『문예시대』로 등단하였다.
시집으로 『변명』이 있으며, 아도문학동인시집 『앵무새가 사는 바다』 『꼭지 연연 손저울』 외 다수가 있다.
광주시인협회, (사)한국문협 곡성지부, 서석문학, 광주문인산악회, (사)한국시인협회 회원으로 활동하고 있다.

E-mail : kkok88@naver.com

집시가 된 물고기

지은이 | 김관옥
펴낸이 | AHN JANE LEE
펴낸곳 | 도서출판 안시학
1판1쇄 | 2016년 5월 10일
출판등록 | 2016년 1월 18일
등록번호 | 제300-2016-5호
주소 | 서울 종로구 혜화로3가길 4(명륜1가)
전화 | 744-0110
FAX | 3672-2674
값 8,000원

ISBN 979-11-957478-7-0 03810

* 저자와의 협의에 의해 인지를 생략합니다.
* 잘못된 책은 바꾸어 드립니다.